BEI GRIN MACHT SICH IHR WISSEN BEZAHLT

- Wir veröffentlichen Ihre Hausarbeit, Bachelor- und Masterarbeit

- Ihr eigenes eBook und Buch - weltweit in allen wichtigen Shops

- Verdienen Sie an jedem Verkauf

Jetzt bei www.GRIN.com hochladen und kostenlos publizieren

Auswirkungen der Industrie 4.0 auf eine nachhaltigkeitsorientierte Produktion

Kim Beerthuis

Bibliografische Information der Deutschen Nationalbibliothek:

Die Deutsche Nationalbibliothek verzeichnet diese Publikation in der Deutschen Nationalbibliografie; detaillierte bibliografische Daten sind im Internet über http://dnb.d-nb.de abrufbar.

ISBN: 9783346884640
Dieses Buch ist auch als E-Book erhältlich.

Inhaltsverzeichnis

Abbildungs- und Tabellenverzeichnis

Abkürzungsverzeichnis

bspw.	beispielsweise
d.h.	das heißt
et al.	et alia (= und andere)
IoT	Internet der Dinge (englisch: „Internet of Things")
KI	künstliche Intelligenz
LCSP	Lowell Center for Sustainable Production
o.D.	ohne Datum
s.	siehe
S.	Seite
z.B.	zum Beispiel

1. Einleitung

Der Planet Erde ist nur begrenzt belastbar. Um weiterhin gut auf diesem Planeten leben zu können und dies auch den zukünftigen Generationen ermöglichen zu können, gilt es für den Menschen, seinen Konsum und seine Produktionstechniken zu verändern. Das Ziel der nachhaltigen Produktion beansprucht die Modernisierung der Wirtschaft hin zu einer Wirtschaft, die Ressourcen lediglich nutzt, aber nicht verbraucht – quasi die Umstellung von einer Linearwirtschaft hin zu einer Kreislaufwirtschaft. Zusätzlich erfordert die nachhaltige Produktion den Wandel von einer auf fossilen und endlichen Rohstoffen basierenden Wirtschaft hin zu einer auf nachwachsenden Rohstoffen beruhenden nachhaltigen Wirtschaft, die die Belastbarkeitsgrenzen des Planeten beachtet. Auf diesem Weg hin zu einer nachhaltigen Produktion spielen insbesondere Industrieländer wie Deutschland eine wichtige Rolle aufgrund ihres hohen weltweiten Ressourcenverbrauchs und der damit einhergehenden Umweltbelastung sowie ihres ökonomischen und technologischen Potenzials (Bundesregierung, o.D.).

In Deutschland ist der Begriff „Industrie 4.0" derzeit auf fast jeder industrie-bezogenen Messe, Konferenz oder Ausschreibung für öffentlich geförderte Projekte gängig. Auch in der Politik wird dieser Begriff häufig in Bezug auf die deutsche Wirtschaft verwendet. Der Begriff „Industrie 4.0" steht für die vierte industrielle Revolution und wird oft verstanden als die Anwendung des übergeordneten Konzepts von cyberphysischen Systemen (CPS) auf industrielle Produktionssysteme (cyberphysische Produktionssysteme) (Drath & Horch, 2014, S. 56).

In den letzten Jahren hat das Schlagwort „Industrie 4.0" zunehmend an Bedeutung gewonnen. Dabei geht es vor allem um die Verbindung von Prozessen sowie um die Automatisierung und Digitalisierung der Abläufe. **Es stellt sich die Frage, ob dadurch der nachhaltigkeitsorientierte Transformationsprozess in der Produktion gefördert oder gebremst wird?**

Das Ziel dieser Hausarbeit ist es, die Auswirkungen der „Industrie 4.0" auf eine nachhaltigkeitsorientierte Produktion zu untersuchen. Hierzu werden in Kapitel 2 zunächst die Merkmale von Industrie 4.0 vorgestellt. Danach werden in Kapitel 3 die Besonderheiten der nachhaltigkeitsorientierten Produktion erläutert. Anschließend werden die Auswirkungen von Industrie 4.0 auf die Nachhaltigkeit in der Produktion untersucht und anhand von einem Fallbeispiel des fiktiven Unternehmens Sustain 4.0 GmbH konkretisiert. Abschließend folgt eine kritische Würdigung und das Fazit in Kapitel 5.

In dieser Hausarbeit wird aus Gründen der besseren Lesbarkeit das generische Maskulinum verwendet. Weibliche und anderweitige Geschlechteridentitäten werden dabei ausdrücklich mitgemeint, soweit es für die Aussage erforderlich ist.

2. Merkmale von Industrie 4.0

Industrie 4.0 wird als eine neue industrielle Revolution verstanden, in der eine Integration zwischen Produktionsbetriebssystemen und Informations- und Kommunikationstechnologien – insbesondere dem Internet der Dinge – stattfindet, die die sogenannten cyberphysischen Systeme (CPS) bilden. Aktuell erlegen mehrere Länder lokale Programme zur Förderung der Entwicklung und Einführung von Industrie 4.0 auf. Ursprünglich stammt das Konzept der Industrie 4.0 aus Deutschland, in der dieses Programm „Hightech-Strategie 2020" genannt wurde (Dalenogare et al., 2018, S. 383).

Im Zentrum der Industrie 4.0 steht die intelligente Fabrik. Die Bauteile, aus denen die Produkte in der intelligenten Fabrik entstehen, sind Informationsträger: sie kommunizieren mit Mensch und Maschine, sie tauschen Daten über ihren aktuellen Zustand aus und sie wissen bspw. wo die Fabrik freie Kapazitäten hat. In diesem Sinne können die Bauteile die Produktionsprozesse aktiv unterstützen. In der zukünftigen Fabrik nach Industrie 4.0 arbeiten Mensch und Maschine Hand in Hand. Dabei unterstützen mobile Assistenzsysteme die Menschen bei der Produktion. Auch die Echtzeitanalyse der Daten von den Bauteilen und Maschinen tragen dazu bei. So lassen sich Fehler vorhersagen und dementsprechend beheben, bevor sie auftreten. Mensch, Maschine und Bauteile können sich so also ganz spontan miteinander vernetzen. Infolgedessen wird die intelligente Fabrik flexibler und widerstandsfähiger (acatech Deutsche Akademie der Technikwissenschaften, 2016). Aufgrund der intelligenten Fabrik zeichnet sich die Industrie 4.0 durch zahlreiche Merkmale aus, die vorteilhaft für die Unternehmen wirken. Einige Merkmale der Industrie 4.0 werden in den folgenden Abschnitten weiter aufgeführt.

Zum Einen ermöglicht die Industrie 4.0 eine optimale Entscheidungsfindung durch Datenanalyse. Anhand der integrierten Sensoren und vernetzten Maschinen entsteht eine erhebliche Menge an Big Data für Fertigungsunternehmen. Mithilfe von Datenanalysen lassen sich dann historische Trends untersuchen, Muster erkennen und Entscheidungen treffen. Des weiteren können intelligente Fabriken die Daten aus anderen Teilen des Unternehmens und aus der Lieferkette nutzen, um genauere Rückschlüsse zu erschließen. Durch die Auswertung von Daten aus den verschiedenen Bereichen – z.B. Personal, Vertrieb, Lager – lassen sich

Produktionsentscheidungen treffen, die auf Verkaufsmargen und Personalzahlen basieren (IBM, o.D.). Die Daten, die Maschinen und Bauteile erfassen und austauschen, ermöglichen aber auch neue, wissensbasierte Dienstleistungen, wodurch neue Jobs geschaffen werden (acatech Deutsche Akademie der Technikwissenschaften, 2016).

Ein zweites Merkmal ist die Integration von Informations- und Betriebstechnik. Intelligente Fabriken sind miteinander vernetzt durch Konnektivität. Die erfassten Echtzeitdaten von Sensoren, Geräten und Maschinen in der intelligenten Fabrik können direkt von anderen Anlagen in der Fabrik sowie von anderen Softwares im Enterprise Stack – der Kombination aus Hardware, Software und Intellectual Property (IP) Services eines bestimmten Unternehmens – genutzt werden (IBM, o.D.).

Außerdem ist die individuelle Fertigung von Produkten ein weiteres Merkmal der Industrie 4.0; So können maßgeschneiderte Produkte zu dem Preis eines Massenproduktes hergestellt werden. Intelligenten Fabriken können kundenspezifische Produkte herstellen, die die einzigartigen Bedürfnisse der Kunden kostengünstiger erfüllen. In vielen Branchen streben Hersteller danach, mit einer „One-Set"-Wirtschaft zu arbeiten. Mit fortschrittlicher Simulationssoftware und neuen Materialien und Technologien ist es möglich, individuelle Produkte in kleinen Chargen für bestimmte Kunden schnell und einfach herzustellen. Bei der ersten industriellen Revolution ging es um die allgemeine Massenproduktion. Bei der Industrie 4.0 hingegen geht es hautsächlich um die kundenspezifische Massenfertigung (IBM, o.D.).

Ein viertes Merkmal der Industrie 4.0 ist die transformierte Lieferkette: Industriebetriebe benötigen eine transparente und effiziente Lieferkette, die im Rahmen einer fundierten Industrie 4.0-Strategie in den Produktionsbetrieb integriert werden muss. Dies verändert die Art und Weise, wie Hersteller Inputmaterialien beziehen und fertige Produkte ausliefern. Durch die Übermittlung bestimmter Produktinformationen an Lieferanten lassen sich Lieferungen besser planen. Kommt es bspw. zu einer Störung in der Montagelinie, kann die Lieferung umgeleitet oder verzögert werden, um Zeit- und Geldverschwendung zu vermeiden. Zudem ermöglicht die Auswertung von Wetterdaten und Informationen von Transportpartnern und Händlern vorausschauende Lieferungen, damit die Produkte pünktlich beim Konsumenten ankommen. Blockchain – eine Art verteilter Datenbank – wird somit zu einer immer wichtigeren Technologie für die Transparenz der Lieferkette (IBM, o.D.). Ergänzend produziert die intelligente Fabrik der Zukunft nur das, was auch benötigt wird. Dies schont die Ressourcen und ist somit umweltfreundlicher (acatech Deutsche Akademie der Technikwissenschaften, 2016).

3. Besonderheiten der nachhaltigkeitsorientierten Produktion

Das Konzept der nachhaltigen Produktion entstand auf der Konferenz der Vereinten Nationen über Umwelt und Entwicklung im Jahr 1992 und ist eine Schlüsselkomponente der nachhaltigen Entwicklung, die drei Hauptanforderungen miteinander in Einklang bringt: das soziale, das wirtschaftliche und das ökologische Ziel (s. Abbildung 1). Die Konferenz kam zu dem Entschluss, dass die Hauptursache für die Verschlechterung der globalen Umwelt die nicht-nachhaltigen Konsum- und Produktionsverhalten sind, insbesondere in den Industrieländern (Veleva & Ellenbecker, 2001, S. 520).

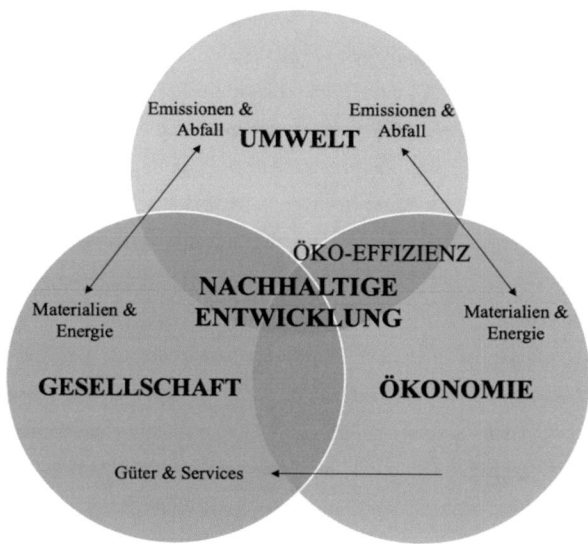

Abbildung 1: Modell der nachhaltigen Entwicklung (Azapagic & Perdan, 2000)

Das Lowell Center for Sustainable Production (LCSP) definiert nachhaltige Produktion als die Herstellung von Gütern und Dienstleistungen unter Verwendung von Verfahren und Systemen, die umweltfreundlich, energiesparend und ressourcenschonend, wirtschaftlich tragfähig, sicher und gesund für die Mitarbeiter, Gemeinden und Verbraucher sind sowie sich für alle Beschäftigten sozial und kreativ lohnen (Lowell Center, 1998). Diese Definition entspricht dem heutigen Verständnis von nachhaltiger Entwicklung, da sie die ökologischen, sozialen und wirtschaftlichen Aspekte der Unternehmenstätigkeit betont. Gleichzeitig ist sie operativ, weil sie sechs Hauptaspekte einer nachhaltigen Produktion hervorhebt:

- Energie- und Materialverbrauch (Ressourcen),
- Senkung der Auswirkungen auf die natürliche Umwelt,
- Soziale Gerechtigkeit und Entwicklung der Gemeinschaft,
- Wirtschaftliche Leistung,
- Arbeitnehmer und
- Produkte (Veleva & Ellenbecker, 2001, S. 520).

Unternehmen, die in ihrer täglichen Praxis nachhaltiger werden wollen, sollten versuchen, jeden dieser sechs Aspekte zu berücksichtigen. Um sicherzustellen, dass die Produktionsprozesse und die Verwendung von Produkten und Materialien innerhalb der Umweltgrenzen ablaufen, muss eine Reihe von Merkmalen erfüllt sein. Wenn die Ziele einer nachhaltigen Produktion erreicht werden sollen, müssen die Unternehmen alle Arten von Abfällen sowie den Verbrauch von natürlichen Ressourcen, Rohstoffen und Energie minimieren. Sie müssen Produkte so gestalten, produzieren, vertreiben und entsorgen bzw. recyceln, dass die damit verbundenen Umweltauswirkungen und der Ressourcenverbrauch mindestens der geschätzten Tragfähigkeit der Erde entsprechen. Dieses Ziel erfordert ein grundlegendes Umdenken bei der Produktgestaltung, um alle Phasen des Lebenszyklus eines Produkts zu berücksichtigen, und eine Umstellung der Herstellungsverfahren von Reinigungstechnologien auf saubere Technologien, die das tatsächliche Ausmaß der erzeugten Emissionen sowie die bei der Verarbeitung verbrauchte Energie und andere Ressourcen verringern (O'Brien, 1999). Eine Auswahl an notwendigen Bedingungen, die Unternehmen erfüllen müssen, um nachhaltig zu sein, sind:

- Verringerung des Material- und Energieeinsatzes bei Produkten und deren Herstellung,
- Schließung von Materialkreisläufen, um Ressourcen zu schonen und Abfall zu vermeiden,
- Minimierung oder Vermeidung von Abfällen,
- Wiederverwendung und Recycling von Produkten,
- Beseitigung von nicht verwertbaren Produkten oder Produktionsabfällen auf umweltverträgliche Weise,
- Planung von Produkten, die leicht zu reparieren, anpassungsfähig, langlebig und mit längerer Lebensdauer sind,
- Minimierung des Transportbedarfs,
- Saubere Produktionstechnologien und -verfahren während des gesamten Produktlebenszyklus,

- Verbesserung einer Prozesstechnologie,
- Forschung und Entwicklung im Bereich umweltfreundlicher Technologien und
- Berücksichtigung der sozialen Rolle der Unternehmen (Krajnc & Glavič, 2003, S. 280).

Um ein besseres Verständnis für nachhaltige Produktion in den Unternehmen zu fördern, hat das LCSP neun Leitprinzipien formuliert. Diese Grundsätze betreffen Themen wie die Gestaltung von Produkten und Verpackungen, die Beseitigung von Abfällen und unverträglichen Nebenprodukten, die Minimierung arbeitsbedingter Gefahren und die kontinuierliche Verbesserung des Wohlbefindens und der Entwicklung von Arbeitnehmern und Gemeinden (s. Tabelle 1). Unternehmen, die sich dafür entscheiden, in ihren täglichen Praktiken nachhaltiger zu werden, können Ziele und Vorgaben festlegen, die mit den LCSP-Prinzipien übereinstimmen, und ihre Erfolge oder Misserfolge anhand von Indikatoren für nachhaltige Produktion messen (Veleva & Ellenbecker, 2001, S. 520).

1	Produkte und Verpackungen sind so gestaltet, dass sie sicher und umweltfreundlich während ihres Lebenszyklus sind; Dienstleistungen sind so gestaltet, dass sie sicher und umweltfreundlich sind.
2	Abfall und ökologisch nicht-kompatible Nebenprodukte werden durchgehend reduziert, eliminiert oder recycelt.
3	Energie und Materialien werden geschont, und die eingesetzten Energie- und Materialformen sind für die gewünschten Ziele am besten geeignet.
4	Chemische Stoffe, physikalische Einwirkungen, Technologien und Arbeitsverfahren, die eine Gefahr für die menschliche Gesundheit oder die Umwelt darstellen, werden kontinuierlich reduziert oder beseitigt.
5	Die Arbeitsplätze sind so gestaltet, dass physikalische, chemische, biologische und ergonomische Gefahren minimiert oder ausgeschlossen werden.
6	Das Management hat sich zu einem offenen, partizipativen Prozess der kontinuierlichen Bewertung und Verbesserung verpflichtet, der auf die langfristige wirtschaftliche Leistung des Unternehmens ausgerichtet ist.
7	Die Arbeit ist so organisiert, dass die Effizienz und Kreativität der Mitarbeiter erhalten und gesteigert wird.
8	Die Sicherheit und das Wohlergehen aller Mitarbeiter haben ebenso Priorität wie die kontinuierliche Entwicklung ihrer Talente und Fähigkeiten.
9	Die Gemeinschaften im Umfeld der Arbeitsplätze werden respektiert und wirtschaftlich, sozial, kulturell und physisch aufgewertet; Gleichheit und Fairness werden gefördert.

Tabelle 1: LCSP-Prinzipien der nachhaltigen Produktion (Veleva & Ellenbecker, 2001, S. 521)

4. Auswirkungen von Industrie 4.0 auf eine nachhaltigkeitsorientierte Produktion

Aufgrund des Klimawandels gilt es, das Konsum- und Produktionsverhalten zu verändern, um den Abgrund des Planeten Erde zu verhindern. Insbesondere den Industrieländern – darunter auch Deutschland – kommt die Verantwortung zu, ihr Produktionsverhalten nachhaltigkeitsorientiert zu gestalten. Die fortschreitende Digitalisierung und Vernetzung der industriellen Wertschöpfungskette als Kern von Industrie 4.0 bietet neue Ansätze und Möglichkeiten, eine nachhaltige Produktion umzusetzen (Arbeitsgruppe „Digitale Geschäftsmodelle", 2021, S. 1). Die folgenden Abschnitte diskutieren, wie digitale Geschäftsmodelle eine nachhaltigkeitsorientierte Produktion in der Industrie 4.0 vorantreiben und auf nachfolgende Weise erheblich positiv beeinflussen können.

Ressourceneffizienz: Industrie 4.0-Technologien ermöglichen die Überwachung und Analyse von Produktionsprozessen in Echtzeit, was zu einer höheren Ressourceneffizienz führt. So können IoT-Sensoren, d.h. Sensoren des „Internets der Dinge", beispielsweise den Energie- und Wasserverbrauch verfolgen, was eine bessere Verwaltung und Optimierung der Ressourcen ermöglicht. Dies kann zu weniger Abfall, geringerem Energieverbrauch und geringeren Umweltauswirkungen führen (Arbeitsgruppe „Digitale Geschäftsmodelle", 2021, S. 4).

Kreislaufwirtschaft: Industrie 4.0 kann den Übergang zu einer Kreislaufwirtschaft erleichtern, in der Produkte für Wiederverwendung, Reparatur und Recycling ausgelegt sind. Durch datengesteuerte Erkenntnisse und KI-gestützte Analysen können Hersteller die Produktlebenszyklen optimieren, Produktkomponenten verfolgen und verwalten und geschlossene Lieferketten einführen. Auf diese Weise lassen sich Abfälle reduzieren, der Ressourcenverbrauch minimieren und nachhaltige Produktions- und Verbrauchsmuster fördern (Arbeitsgruppe „Digitale Geschäftsmodelle", 2021, S. 6).

Vorausschauende Wartung: Industrie 4.0 ermöglicht eine vorausschauende Wartung, bei der Sensoren und Datenanalysen die Leistung von Anlagen in Echtzeit überwachen und den Wartungsbedarf vorhersagen können. Dies kann zu effizienteren Wartungspraktiken führen, die Ausfallzeiten reduzieren, den Materialabfall minimieren und die Lebensdauer der Anlagen verlängern, was wiederum zur Nachhaltigkeit beiträgt, da der Bedarf an häufigen Austauschmaßnahmen verringert wird (acatech Deutsche Akademie der Technikwissenschaften, 2016).

Flexibilität und Anpassungsfähigkeit: Industrie 4.0-Technologien ermöglichen eine größere Flexibilität und Anpassung der Produktionsprozesse, was eine bedarfsgerechte Fertigung ermöglicht und Überproduktionen reduziert (IBM, o.D.). Außerdem produziert die intelligente Fabrik der Industrie 4.0 nur das, was auch benötigt wird (acatech Deutsche Akademie der Technikwissenschaften, 2016). Dies schont Ressourcen, kann zu weniger Abfall, optimierten Lagerbeständen und geringeren Umweltauswirkungen im Zusammenhang mit übermäßiger Produktion und Transport von Waren führen.

Transparenz der Lieferkette: Industrie 4.0 ermöglicht eine verbesserte Transparenz der Lieferkette durch Technologien wie Blockchain, mit denen die Herkunft und Nachhaltigkeit von Rohstoffen und Produkten nachverfolgt und überprüft werden kann (IBM, o.D.). Dies kann nachhaltige Beschaffungspraktiken fördern, Umweltrisiken verringern und die Einhaltung von Umweltvorschriften gewährleisten.

Mitarbeiter-Empowerment: Industrie 4.0-Technologien können den Mitarbeitern mehr Handlungsspielraum geben, indem sie ihnen einen besseren Zugang zu Informationen, Schulungen und Entscheidungshilfen ermöglichen (acatech Deutsche Akademie der Technikwissenschaften, 2016). Dies kann zu fundierteren und nachhaltigeren Produktionsentscheidungen führen, z. B. zur Optimierung von Produktionsprozessen im Hinblick auf Energieeffizienz, zur Reduzierung von Materialabfällen und zur Förderung nachhaltiger Praktiken am Arbeitsplatz.

a. Fallbeispiel – Sustain 4.0 GmbH

Um die Auswirkungen der Industrie 4.0 auf die nachhaltigkeitsorientierte Produktion zu verdeutlichen, wird in diesem Unterkapitel ein Fallbeispiel der Sustain 4.0 GmbH aufgeführt. Bei der Sustain 4.0 GmbH handelt es sich um einen fiktiven, führenden Automobilhersteller mit Sitz in Deutschland, der sich für nachhaltige Produktionsverfahren einsetzt. Das Unternehmen legt großen Wert auf die Verringerung der Umweltauswirkungen, die Optimierung der Ressourcennutzung und die Förderung der sozialen Verantwortung in seinen Produktionsprozessen. Um diese Ziele zu erreichen, hat Sustain 4.0 GmbH Industrie 4.0-Technologien in seinen Produktionsstätten eingeführt.

Die Sustain 4.0 GmbH hat mehrere Industrie 4.0-Technologien implementiert, um seine Produktionsprozesse zu optimieren und die Nachhaltigkeitsleistung zu verbessern. Zu diesen Technologien gehören:

- *Internet der Dinge (IoT) und Sensornetzwerke*: Sustain 4.0 GmbH hat IoT-Geräte und Sensornetzwerke in seinen Produktionsanlagen eingesetzt, um Echtzeitdaten zu verschiedenen Parametern wie Energieverbrauch, Materialverbrauch und

Anlagenleistung zu sammeln. Diese Daten werden analysiert, um Ineffizienzen zu erkennen, Prozesse zu optimieren und Verschwendung zu reduzieren.

- *Big Data-Analytik*: Sustain 4.0 GmbH setzt Big Data Analytics ein, um die große Menge an Daten zu verarbeiten und zu analysieren, die von den IoT-Geräten und Sensornetzwerken gesammelt werden. Fortgeschrittene Analysetechniken, wie *Machine Learning* und prädiktive Analysen, werden eingesetzt, um Muster, Trends und Anomalien in den Daten zu erkennen. Auf diese Weise kann das Unternehmen datengestützte Entscheidungen treffen und Produktionsprozesse optimieren, um die Umweltauswirkungen zu minimieren.

- *Automatisierung und Robotik*: Sustain 4.0 GmbH hat Automatisierungs- und Robotertechnologien eingeführt, um seine Produktionsprozesse zu rationalisieren und menschliche Fehler zu reduzieren. Automatisierte Systeme werden für Aufgaben wie Materialhandhabung, Montage und Qualitätskontrolle eingesetzt, was zu einer verbesserten Effizienz und weniger Abfall führt.

- *Energiemanagement-Systeme*: Sustain 4.0 GmbH hat Energiemanagementsysteme zur Überwachung und Optimierung des Energieverbrauchs in seinen Produktionsprozessen eingeführt. Diese Systeme nutzen Echtzeitdaten von Sensoren und Analysen, um Bereiche mit Energieverschwendung zu identifizieren, den Energieverbrauch zu optimieren und den CO_2-Fußabdruck des Unternehmens zu verringern.

Die Einführung dieser vorgestellten Industrie 4.0-Technologien kann sich erheblich auf die nachhaltigkeitsorientierte Produktion bei Sustain 4.0 GmbH auswirken. Mögliche Ergebnisse dieser Bemühungen werden nachfolgend erläutert.

Verbesserte Effizienz: Der Einsatz von IoT-Geräten, Sensornetzwerken und Big-Data-Analysen kann es Sustain 4.0 GmbH ermöglichen, seine Produktionsprozesse zu optimieren und Ineffizienzen zu reduzieren. Dies kann zu einer verbesserten Produktivität, weniger Abfall und einem geringeren Ressourcenverbrauch führen (Arbeitsgruppe „Digitale Geschäftsmodelle", 2021, S. 4).

Reduzierte Verschwendung: Die Implementierung von Automatisierungs- und Robotertechnologien kann menschliche Fehler und Verschwendung in den Produktionsprozessen reduzieren, was zu weniger Materialabfall und einer verbesserten Qualitätskontrolle führen kann (acatech Deutsche Akademie der Technikwissenschaften, 2016).

Verbesserte Ressourcennutzung: Der Einsatz von Energiemanagementsystemen kann es Sustain 4.0 GmbH ermöglichen, seinen Energieverbrauch zu optimieren und seinen CO_2-Fußabdruck zu verringern. Dies kann zu einer effizienteren Ressourcennutzung und geringeren Umweltauswirkungen führen.

Die Fallstudie von Sustain 4.0 GmbH zeigt die positiven Auswirkungen, die Industrie 4.0-Technologien auf eine nachhaltigkeitsorientierte Produktion haben kann. Die Implementierung von IoT, Big-Data-Analysen, Automatisierung und Energiemanagementsystemen kann zu einer verbesserten Effizienz, weniger Abfall und einer besseren Ressourcennutzung führen.

5. Fazit

Industrie 4.0, auch bekannt als die vierte industrielle Revolution, bezieht sich auf die Integration digitaler Technologien in Fertigungs- und Produktionsprozessen – den sogenannten cyberphysischen Systemen (CPS). Sie umfasst die Nutzung von Technologien wie dem Internet der Dinge, Big Data, künstlicher Intelligenz (KI), Robotik und Automatisierung, um intelligente, vernetzte und datengesteuerte Produktionssysteme zu ermöglichen (Dalenogare et al., 2018, S. 383). Im Hinblick auf die Ressourcenknappheit und den Klimawandel hat die Entwicklung der Industrie in den letzten Jahren immer mehr Relevanz gewonnen. Die Industrie 4.0 ist mit der Hoffnung verbunden, das Produktionsverhalten der Industrieländer zu transformieren, sodass diese nachhaltiger produzieren. **Das Ziel dieser Hausarbeit war es, die Auswirkungen der „Industrie 4.0" auf eine nachhaltigkeitsorientierte Produktion zu untersuchen.** Dazu wurden die Merkmale von Industrie 4.0 in Kapitel 2 vorgestellt. Danach wurden die Besonderheiten der nachhaltigkeitsorientierten Produktion in Kapitel 3 erläutert. Anschließend wurden die Auswirkungen von Industrie 4.0 auf die Nachhaltigkeit in der Produktion in Kapitel 4 untersucht und anhand von einem Fallbeispiel der Sustain 4.0 GmbH konkretisiert.

Zusammenfassend lässt sich sagen, dass Industrie 4.0 das Potenzial hat, sich positiv auf eine nachhaltigkeitsorientierte Produktion auszuwirken und diese zu fördern, indem sie die Ressourceneffizienz, die Kreislaufwirtschaft, die vorausschauende Wartung, die Flexibilität und die Anpassung an Kundenwünsche, die Transparenz der Lieferkette und das Mitarbeiter-Empowerment verbessert. Durch den Einsatz digitaler Technologien können Hersteller ihre Produktionsprozesse optimieren, Abfälle reduzieren und umweltfreundliche Praktiken fördern und so zu einem nachhaltigeren und widerstandsfähigeren industriellen Ökosystem beitragen. Es muss jedoch sichergestellt werden, dass bei der Einführung von Industrie 4.0-Technologien die ethischen, sozialen und ökologischen Auswirkungen sorgfältig berücksichtigt werden und dass geeignete Richtlinien und Vorschriften zur Abmilderung potenzieller negativer Auswirkungen bestehen.

Trotz dieser deutlich positiven Ergebnisse im Hinblick auf die Untersuchungsfrage, weist diese Hausarbeit dennoch einige Schwachpunkte auf. Zum Einen ist Industrie 4.0 ein sehr komplexes und kompliziertes Konzept. Es bewies sich als schwierig, die Merkmale von Industrie 4.0 vollständig und präzise aufzuführen. Außerdem konnte ich nur wenig deutsche Literatur über Google Scholar zu Industrie 4.0 finden, obwohl dies sogar ein deutsches Konzept ist. So habe ich in meiner Recherche sowohl auf englische Journal-Artikel als auch auf Internetquellen und ein YouTube-Video zurückgegriffen, die mir dabei geholfen haben, das Gesamtkonzept der Industrie 4.0 besser zu verstehen und zu erörtern. Auch zum Thema nachhaltigkeitsorientierte Produktion konnte ich kaum deutsche Literatur finden und habe auch hier auf englische Journal-Artikel zurückgegriffen, die allerdings Ende der 1990-er Jahre und Anfang der 2000-er Jahre veröffentlicht wurden. Daher sind meine Literaturhinweise im Hinblick auf die nachhaltigkeitsorientierte Produktion etwas veraltet.

6. Literaturverzeichnis

acatech Deutsche Akademie der Technikwissenschaften. (2016). *Industrie 4.0 - einfach erklärt* [Video]. YouTube. Abgerufen am 10. April 2023, von https://www.youtube.com/watch?v=SjypoaixIQg

Arbeitsgruppe „Digitale Geschäftsmodelle". (2021). Industrie 4.0 und Nachhaltigkeit – Zehn Thesen, wie digitale Geschäftsmodelle Nachhaltigkeit in der Industrie 4.0 fördern. In *Plattform Industrie 4.0*. Plattform Industrie 4.0. Abgerufen am 13. April 2023, von https://www.plattform-i40.de/IP/Redaktion/DE/Downloads/Publikation/Thesen-Nachhaltigkeit-Geschaeftsmodelle.html

Azapagic, A. & Perdan, S. (2000). Indicators of sustainable development for industry: a general framework. *Transactions of the Institution of Chemical Engineers*, *78B*, 244–246.

Bundesregierung. (o. D.). *Nachhaltigkeitspolitik*. Abgerufen am 5. April 2023, von https://www.bundesregierung.de/breg-de/themen/nachhaltigkeitspolitik/produzieren-konsumieren-181666#:~:text=Das%20Ziel%20der%20nachhaltigen%20Produktion,von%20der%20Linearwirtschaft%20zur%20Kreislaufwirtschaft.

Dalenogare, L. S., Benitez, G. B., Ayala, N. F. & Frank, A. G. (2018). The expected contribution of Industry 4.0 technologies for industrial performance. *International Journal of Production Economics*, *204*, 383–394.

Drath, R. & Horch, A. (2014). Industrie 4.0: Hit or hype? *IEEE Industrial Electronics Magazine*, *8*(2), 56–58.

IBM. (o. D.). *Was ist Industrie 4.0?* Abgerufen am 10. April 2023, von https://www.ibm.com/de-de/topics/industry-4-0

Krajnc, D. & Glavič, P. (2003). Indicators of sustainable production. *Clean Technologies and Environmental Policy*, *5*(3–4), 279–288.

Lowell Center for Sustainable Production. (1998). *Sustainable Production: A Working Definition*. Informal Meeting of the Committee Members.

O'Brien, C. (1999). Sustainable production—a new paradigm for a new millennium. *International Journal of Production Economics*, *60–61*, 1–7.

Veleva, V. & Ellenbecker, M. (2001). Indicators of sustainable production: framework and methodology. *Journal of Cleaner Production*, *9*, 519–549.